Georg Kugler

Franz Joseph
und
Elisabeth

BONECHI VERLAG STYRIA

Vertrieb
für Österreich
VERLAG STYRIA
Schönaugasse 64
A-8010 GRAZ

für Deutschland
Verlag Butzon & Bercker
Hoogeweg 71
D-47623 Kevelaer

für die Schweiz
Herder AG Basel
Muttenzerstraße 109
CH-4133 Pratteln 2

Gedruckt in der EWG vom
Centro Stampa Editoriale Bonechi

ISBN 3-222-12262-8

Bildnachweis:
Die Abbildungsvorlagen stammen aus dem Verlagsarchiv oder wurden freundlicherweise von der Graphischen Sammlung Albertina, vom Bildarchiv der Österreichischen Nationalbibliothek, vom Bundesmobiliendepot, dem Heeresgeschichtlichen Museum, dem Historischen Museum der Stadt Wien, dem Kunsthistorischen Museum und der Österreichischen Galerie – alle Wien – zur Verfügung gestellt. Die Vorlagen für die beiden Abbildungen auf Seite 7 erziehlten wir dankenswerterweise vom Münchner Stadtmuseum, das Photo des Kleides der Kaiserin Elisabeth auf Seite 47 lieferte freundlicherweise das Ungarische Nationalmuseum, Budapest.

* * *

Titelbild:
Das jungvermählte Kaiserpaar.
Franz Joseph in Galauniform eines Feldmarschalls, Elisabeth mit Hermelinpelz. Kolorierte Lithographie von Eduard Kaiser, 1856.

INHALT

EINLEITUNG

Die historische Literatur fällt heute ein vielfach vernichtendes Urteil über die selbstbewußte und fortschrittsgläubige Staatenwelt des 19. Jahrhunderts. Bei einem zeitlichen Abstand von etwa drei Generationen klärt sich das Bild. Wir erkennen, daß die ausbeuterische Kolonialpolitik und die militante Handelspolitik der europäischen Mächte wesentlich zum Ausbruch des Ersten Weltkriegs beigetragen haben, daß zu den schrecklichsten Folgen dieser Politik die heutige Verarmung der Dritten Welt zählt – sie ist kein Erbe der Entdeckungszeit, sondern im 19. Jahrhundert bewirkt worden – und daß die noch vor hundert Jahren hochgepriesene Industrialisierung Europas und der Welt zur Verarmung der Massen, zur Verelendung der Großstädte und zur Zerstörung der Natur geführt hat.

Skepsis herrscht auch bei der Beurteilung der Nationalitätenpolitik. Kaum jemand ist heute noch überzeugt, daß Frankreich und England, später auch die Vereinigten Staaten von Amerika mit ihrer Forderung nach Selbstbestimmung aller Völker nach dem Prinzip „jede Nation ein Staat, die ganze Nation nur ein Staat" den richtigen Weg gewiesen haben. Dieser Nationalismus ist nämlich ein Prinzip der modernen Massengesellschaft, der anonyme Einheit wichtiger ist als menschliche Gemeinschaft. Diese westeuropäische Politik setzte sich bekanntlich die Zerschlagung der beiden großen Vielvölkerstaaten, Österreich-Ungarns und des Osmanischen Reiches, zum Ziel. Durch eine konsequente Außen- und Handelspolitik wurden diese beiden Staaten jahrzehntelang benachteiligt und schließlich im Ersten Weltkrieg bekämpft, besiegt und zerstört. Aus den Vielvölkerstaaten konstruierten die Siegermächte bei den Friedensverhandlungen des Jahres 1918, ohne die Geschichte, Kultur und Religion dieser Staaten zu verstehen, mehr als ein Dutzend neuer Staaten, die alle – außer das brutal dezimierte Ungarn – multinationale Staaten waren und ihren Völkern und Volksgruppen weder die Sicherheit noch die Eigenständigkeit gewähren wollten oder konnten, die z. B. die österreichisch-ungarische Monarchie ihnen zu bieten versuchte. Ohne historische Fundamente, ohne ein überzeugendes Bekenntnis aller Bürger zum gemeinsamen Staat und ohne Bindung an ein größeres Ganzes schlitterte diese selbstgefällige Staatenwelt zuerst in eine wirtschaftliche Katastrophe, dann in Bürgerkriege, Despotie, Diktaturen und schließlich in den Zweiten Weltkrieg. Heute, angesichts großer Veränderungen in dem nach dem Weltkrieg 1945 wiederhergestellten Staatengefüge Mittel- und Osteuropas erkennen wir, daß diese nur durch unmenschliche Diktaturen unverändert existierten, sonst schon längst an ihren Nationalitätenproblemen gescheitert wären, an dem sie nun endlich scheitern, obwohl sie vorgaben, sie zu lösen.

Wir erkennen, freilich zu spät, daß einem umspannenden Vielvölkerstaat wie Österreich-Ungarn, mit seiner Möglichkeit wirtschaftlich, kulturell, religiös und national auszugleichen, heute größere Chancen Frieden zu stiften gegeben werden denn je. Unser Interesse wendet sich daher wieder stärker der Geschichte des Staates zu, in dem zwar jene nationalen und ideologischen Gegensätze die Tagespolitik beherrschten, die heute in vielen Ländern der Erde nicht weniger akut sind, in dem aber Staatseinheit und Regionalismus sich so lange vertrugen, bis chauvinistischer Nationalismus das Leben der jeweils „anderen" Volksgruppen bedrohte. Wir bewundern aber auch seine Kunst und Wissenschaft, die dank der sich gegenseitig anregenden und befruchtenden Kulturen in einem Land, in einer Stadt, unter einem Herrscher, der in allen Ländern und allen Städten das Gefühl für Gemeinsamkeit ermöglichte, zu außergewöhnlicher Blüte gelangten.

Großzügige Gründungen und liberale Statuten von Universitäten und Hochschulen, nicht nur in Wien, ermöglichten fundamentale Forschungen und Erkenntnisse auf allen Gebieten der Naturwissenschaften und der Medizin. Bedeutende Philosophen und Psychologen, zum Teil aus der medizinischen Wissenschaft kommend, wie Sigmund Freud, lehrten in Wien und Prag. Die europäische Kunstgeschichte wurde ebenso in Wien begründet wie viele andere „moderne Wissenschaften". Wichtige soziale und politische Bewegungen entstanden hier, der demokratische Sozialismus Viktor Adlers, der Zionismus Theodor Herzls, die Friedensbewegung Bertha von Suttners. Wien wurde zum zweiten Mal in seiner Geschichte Zentrum der musikalischen Welt, einerseits dank des Wirkens der großen Komponisten Brahms, Strauß, Bruckner und Mahler sowie der neuen Wiener Schule: Schönberg, Berg, Webern und Křenek, andererseits durch ein glanzvolles Opern- und Konzertleben.

In unübertrefflich prunkvollen und doch vornehmen Gebäuden an der neuen Ringstraße, wie der Hofoper, dem Hofburgtheater und dem Musikvereinsgebäude mit dem „Goldenen Saal", wurden die alte wie die damals zeitgenössische Musik und die darstellende Kunst zelebriert, ebenso wie im Kunsthistorischen Hofmuseum die alten und unvergleichlich reichhaltigen Kunstsammlungen des habsburgischen Hauses in monumentaler Weise dem Publikum dargeboten wurden. Die Errichtung der staatlichen, höfischen, kirchlichen und privaten Bauwerke an der Ringstraße und den an sie anschließenden Plätzen bedeutete sowohl eine bewunderungswürdige technische und organisatorische Leistung als auch eine Förderung der Architektur und aller mit ihr zusammenwirkenden Künste. Architekten, Maler, Bildhauer und Stukkateure aus ganz Europa erhielten hier bedeutende Aufgaben: Es sei nur an die Architekten Theophil Hansen, Eduard van der Nüll und August von Siccardsburg, Heinrich von Ferstel, Gottfried Semper und Carl von Hasenauer und Friedrich von Schmidt, an die Maler Moritz von Schwind, Hans Makart und Mihály von Munkácsy sowie an die Bildhauer Victor Tilgner und Caspar von Zumbusch erinnert.

Kaum war die Ringstraße in den neunziger Jahren vollendet, erwuchsen den Architekten neue Aufgaben in der rasant wachsenden Stadt. Otto Wagner konnte große kommunale Projekte verwirklichen, sein genialer Schüler Josef Hoffmann erlangte nicht nur durch seine Wohnhausbauten und Villen, sondern auch als Entwerfer von Interieurs, Möbeln und Kunstgewerbe Weltruhm. Seine Ideen wurden durch die Erzeugnisse der „Wiener Werkstätte“ in alle Welt getragen.

Um die Jahrhundertwende erblühte die Wiener Malerei zu europäischem Rang durch Kokoschka, Klimt und Schiele. Die deutsche Literatur verdankt einige ihrer größten Meister dieser Zeit Wien und Prag: Hofmannsthal und Schnitzler, Kafka und Brod, Werfel und Zweig.

Als mahnendes Gewissen dieser zwischen Traum und Wirklichkeit, zwischen Weltangst und Materialismus schwankenden Zeit, tritt Karl Kraus auf, der in seinem Drama die „letzten Tage der Menschheit“ beschworen hat.

Europas Reichtum ist seine kulturelle Vielfalt, sein Nachteil die komplizierte Geschichte, seine brüchige Einheit. Die europäischen Völker werden diese umso besser bewältigen bzw. jene erhalten können, wenn sie aus den Errungenschaften und dem Versagen des alten Österreich lernen und, wie es der bedeutende österreichisch-amerikanische Historiker Robert A. Kann ausgedrückt hat, sein kulturelles Erbe gemeinsam antreten:

„Zur Zeit, als die politische Geschichte des Habsburgerreiches zu Ende ging, hatte die seiner kulturellen Botschaft an die Welt erst begonnen.“ Wir sehen heute auch, welch bedeutende Rolle der Monarch, ein von der Tagespolitik unabhängiges Staatsoberhaupt, als integrierende Kraft spielte. Kaiser Franz Joseph von Österreich erscheint uns heute wieder, wie vor hundert Jahren, als Symbol einer völkerumspannenden Staatsidee. Über ihn mehr zu erfahren, über seine Schwächen und Stärken, über seine Leistungen und sein Versagen, setzt sich dieses Buch zum Ziel. Ihm und seiner geliebten und schönen Gemahlin Elisabeth, zu ihrer Zeit wie heute eine Kultfigur, ist dieses Buch gewidmet.

Franz Joseph war Habsburger, entstammte einer der ältesten und zweifellos der vornehmsten europäischen Dynastie. Jahrhundertelang waren Habsburger Kaiser des Römischen Reiches und deutsche Könige gewesen, bis das Reich unter dem Druck der napoleonischen Expansion zusammengebrochen war.

Seit dem 13. Jahrhundert waren die Habsburger Herzöge von Österreich und der Steiermark und hatten nach und nach ihre Hausmacht um die Donau- und Alpenländer vermehrt, so daß sie das größte Herrschaftsgebiet Mitteleuropas besaßen. Der spätere Kaiser Maximilian I. vermählte sich mit Herzogin Maria von Burgund, der Erbin der Niederlande. Die blühende französisch-deutsche Mischkultur dieses mächtigen Territoriums und das märchenhafte reiche und verfeinerte Leben des Hofes in Brüssel, Mecheln und Dijon prägten die nächsten Generationen des habsburgischen Hauses, das sich nun „Maison d'Autriche et Bourgoigne“ nannte. Der bis heute existierende Orden vom Goldenen Vlies („Toison d'or“), der in Wien seinen Sitz hat und dessen Chef und Souverän das Oberhaupt des Hauses Habsburg ist, stellt das bedeutendste Zeugnis der burgundischen Kultur in unserer Zeit dar. Kaiser Maximilian I. legte aber auch die Grundlage für die Vereinigung der österreichischen Länder mit Böhmen, Mähren, Schlesien und Ungarn, sein in Gent geborener Enkel Karl V. führte das Haus zur Weltmacht. Es teilte sich in eine spanische und eine deutsche Linie, beide behielten aber den Namen „Haus Österreich“, „Casa de Austria“.

Die letzte Althabsburgerin, Maria Theresia, heiratete 1736 Herzog Franz Stephan von Lothringen, der sich später als römischer Kaiser Franz I. nannte. Seither hieß die Dynastie Habsburg-Lothringen, wobei die lothringischen Herzöge eine noch ältere Familie als die Habsburger sind.

Seit 1804 trugen die deutschen Kronländer der Habsburger den gemeinsamen Namen „Kaisertum Österreich“, der Chef des Hauses war Kaiser, aber führte für jedes Land einen eigenen Titel, also König von Böhmen, von Dalmatien, Kroatien, Slawonien, Galizien, Lodomerien und Illyrien, Erzherzog von Österreich, Herzog von Steiermark, Salzburg, Kärnten, Krain und Bukowina, Großfürst von Siebenbürgen, Markgraf von Mähren, Herzog von Schlesien, Friaul, Ragusa und Zara etc. Außerhalb der alten Reichsländer war er außerdem Apostolischer König von Ungarn.

Elisabeth entstammte einer deutschen Fürstenfamilie, die in den Rheinlanden ihre Wurzel hat. Elisabeths Urgroßvater, Herzog Wilhelm von Birkenfeld-Gelnhausen in der Rheinpfalz, war mit einer Schwester des Kurfürsten und späteren Königs Max Joseph von Bayern verheiratet, von diesem wurde ihm der Titel „Herzog in Bayern“ verliehen. Sein Enkel Max heiratete wiederum eine wittelsbachische Prinzessin, Ludovika von Bayern. Die beiden waren die Eltern Elisabeths. Ludovikas ältere Schwester Sophie heiratete Erzherzog Franz Karl von Österreich; ihr erster Sohn war Franz Joseph. Die zukünftigen Ehepartner waren also Cousin und Cousine. Ihr gemeinsames Leben begann wie eine Bilderbuchgeschichte, ihre Ehe aber wurde unglücklich und endete tragisch. Elisabeth war ein phantasievolles, musisches Naturkind und allen offiziellen, zeremoniellen und politischen Verpflichtungen abhold. Das Leben neben dem pflichtbewußten, militärisch disziplinierten, zwar rücksichtsvollen, aber phantasielosen, von den staatlichen Aufgaben ständig in Anspruch genommenen Kaiser war ihr unerträglich. So wurde sie menschenscheu und verschlossen, oder gab sich so, solange sie am Wiener Hof weilte. Viele Jahre ihres Lebens verbrachte sie auf Reisen, obwohl sie ihre Kinder und den Kaiser liebte. Ihre Schönheit, ihr Liebreiz und ihre persönliche Anteilnahme an dem Schicksal vieler Menschen, nicht zuletzt ihre Sympathie für Ungarn und die Ungarn haben ihr bis heute hingebungsvolle Bewunderung und Verehrung eingetragen.

JUGEND

Am 18. August 1830 wurde im Schloß Schönbrunn ein kleiner Erzherzog geboren, der am nächsten Tag in der Taufe die Namen dreier Kaiser erhielt: Franz Joseph Karl. Dieser Knabe sollte 18 Jahre später Kaiser von Österreich und König von Ungarn werden und 68 Jahre regieren.

Nach seiner Geburt mag seine ehrgeizige Mutter, Erzherzogin Sophie, eine Wittelsbacher Prinzessin, an eine solche Stellung in ferner Zukunft gedacht haben – der frischgebackene Vater, Erzherzog Franz Karl, war nur glücklich, daß seine Frau endlich, nach fast sechsjähriger Ehe und zwei Fehlgeburten, ein gesundes Kind geboren hatte und wohlauf war. Erzherzog Franz Karl war der jüngere Sohn des regierenden Kaisers Franz I. von Österreich und somit Bruder des Thronfolgers Ferdinand. Dieser war aber ohne Zweifel regierungsunfähig, und auch Nachkommen waren von ihm nicht zu erwarten, so daß eine verantwortungsvolle und schicksalsschwere Zukunft für den neugeborenen Franzi, wie er bald genannt wurde, durchaus realistisch zu erwarten war. Kaiser Franz wurde jedenfalls Taufpate seines ersten „habsburgischen" Enkels.

Das kaiserliche Lustschloß Schönbrunn lag im Jahre 1830 weit draußen vor der Stadt Wien, in dem Wallfahrtsort Hietzing, von dem man damals sagte, es sei das schönste Dorf Deutschlands. Kaiser Franz weilte selten dort, er wohnte lieber im Schloß Laxenburg mit seinem englischen Naturpark oder im bürgerlichen Kurort Baden, im „Kaiserhaus" am Stadtplatz.

Für die Familie des Erzherzogs Franz Karl aber blieb Schönbrunn der bevorzugte Aufenthaltsort, dort verbrachte der spätere Kaiser Franz Joseph den größten Teil seiner Kindheit und fast sein ganzes Leben. Und die Familie wurde größer: im Juli 1832 wurde Ferdinand Max, der spätere Kaiser von Mexiko, geboren, ein Jahr darauf Karl Ludwig, es folgte ein Schwesterchen, Maria Anna, das im fünften Lebensjahr starb, und schließlich erst 1842 der vierte der Brüder, Ludwig Viktor. Die lebhaften Kinder wuchsen in einer herzlichen, fast bürgerlich-familiären Atmosphäre auf, ihre Lehrer wurden sorgfältig ausgewählt, und sie erhielten einen intensiven und strengen Unterricht in den damals üblichen Wissensgebieten: Religion, Geschichte, Geographie und Sprachen, sehr bald setzte bei Franzi auch eine militärische Ausbildung ein.

***Erzherzogin Sophie** mit ihren Söhnen Franz (Joseph) und (Ferdinand) Maximilian. Lithographie von Josef Kriehuber nach einem Bildnis von Johann Ender, 1834.*

***Erzherzog Franz Karl,** dargestellt als Renaissanceprinz in einem Harnisch. Gemälde von Leopold Kupelwieser, 1832, in der Franzensburg, Schloß Laxenburg.*

Die Eltern Kaiser Franz Josephs:
Erzherzog Franz Karl und Erzherzogin Sophie

***Franz Joseph** im Alter von etwa drei Jahren mit Grenadiermütze und Soldatenspielzeug. Faksimile-Lichtdruck nach einem Gemälde von Ferdinand Georg Waldmüller, um 1833.*

***Kinderuniform des Erzherzogs Franz** (Joseph), bestehend aus Tschako, Uniformrock und Hose, Patronentasche und Bajonett nach der Vorschrift für Mannschaften der k. k. Infanterie von 1840.*

Oberst Hauslab unterwies ihn beim Infanterieregiment „Hoch- und Deutschmeister" im Exerzieren zu Fuß, bald wurde er Leutnant und schon im Jahre 1843, also 13jährig, Oberst und Inhaber eines Dragonerregiments. Sein Leben lang bevorzugte Franz Joseph den Waffenrock als Kleidungsstück.

Eine um die Zukunft unbekümmerte und sehr glückliche Jugend verlebte Elisabeth in München und in Possenhofen. Auch in ihrer Familie dominierte die wittelsbachische Mutter Ludovika. Herzog Max war ein unruhiger, lebenslustiger, manchmal etwas skurriler Mann, der ständig auf Reisen war, weshalb die Erziehung der vielen Kinder unter der Obhut der Mutter erfolgte. War der Vater aber anwesend, so unterhielt er alt und jung durch Gesang und Zitherspiel, deklamierte Gedichte und spielte mit den Kindern im Park. Elisabeth liebte, wie ihr Vater, die Natur, hielt sich am liebsten am Starnberger See auf, denn dort in Possenhofen durfte sie sich immer ein Dutzend Tiere halten. Auch ihre Vorliebe für meist triviale oder sentimentale Gedichte dürfte auf Eindrücken in ihrer Kindheit basieren.

Noch ehe sich die Wege der beiden Menschen kreuzten, hatte Franz Joseph, kaum 18jährig, Krieg und Revolution erlebt und unter stürmischen Vorzeichen am 2. Dezember 1848 den Thron bestiegen.

Im März 1848 war in Wien, wie auch in anderen europäischen Hauptstädten, eine große politisch-soziale Revolution ausgebrochen, die den Zusammenhalt des

***Herzogin Ludovika in Bayern** mit ihrem ältesten Sohn Ludwig und ihren zwei Töchtern Helene und der neugeborenen Elisabeth. Lithographie von Ernst Kaiser, 1838. Münchner Stadtmuseum, Inv. Nr. Z/2.324.*

***Herzog Max in Bayern,** in oberbayrischer Tracht, die Zither spielend. Nach Leo Schöninger, um 1850. Münchner Stadtmuseum, Inv. Nr. Ia 1.394.*

***Elisabeth** als siebenjähriges Mädchen in Possenhofen. Büste aus Holz, vermutlich ursprünglich bemalt, von Anton Fernkorn, 1845, in der Wiener Hofburg.*

Habsburgerreiches und die Monarchie in Frage stellten. Kaiser Ferdinand dankte ab, der allmächtig erscheinende Staatskanzler Fürst Metternich trat zurück und mußte fliehen. Ungarn wurde mit Hilfe russischer Truppen niedergeworfen, auch sonst im Reich, etwa in Wien, mußte die Ruhe mit Waffengewalt hergestellt werden. In Oberitalien kam es zum Krieg gegen das Königreich Sardinien-Piemont, während dessen Verlauf Franz Joseph in der Schlacht bei Santa Lucia die Feuertaufe erlebte.

Der Anfang von Franz Josephs Regierung steht also unter bösen Vorzeichen. Für die Ereignisse sind im wesentlichen die Männer der Epoche vorher, des sogenannten Vormärz, verantwortlich, aber trotzdem bleibt ein Schatten auf dem Regierungsantritt des jungen, vom Geist eines unzeitgemäßen Absolutismus geprägten Herrschers. Erst Jahre später findet er Berater, die ihm den Weg zu liberalen Reformen, einer konstitutionellen Staatsform und damit zu einem freien Staatsbürgertum weisen.

Schloß Possenhofen *am Starnberger See, der Sommersitz der herzoglichen Familie. Gouache aus einem Album aus dem Besitz Elisabeths mit dem Datum 3. April 1854.*

Schloß Schönbrunn, *kaiserliches Lustschloß bei Wien, Gartenseite. Gemälde von Bernardo Bellotto, gen. Canaletto, 1759/60, im Kunsthistorischen Museum.*

VERLOBUNG

Das Verheiraten der Kinder war bis ins späte 19. Jahrhundert eine der entscheidenden Anliegen und Aufgaben der Eltern, nicht nur in Fürstenhäusern. Auch für ihren zur Regierung berufenen Sohn Franz Joseph suchten die Eltern, vor allem die aktive und politisch interessierte Mutter, Erzherzogin Sophie, eine geeignete Frau. Von ihr sagte man ja, sie sei der „einzige Mann“ am Wiener Hof. Mit ihrer Schwester Ludovika plante sie eine neuerliche Verbindung zwischen dem wittelsbachischen und dem habsburgischen Haus. Ludovikas älteste Tochter Helene, 1834 geboren, wurde auserwählt. Ein familiärer Besuch in München sollte das Lebensglück des damals 22jährigen Franz Joseph anbahnen. Der junge Kaiser fing Feuer, aber nicht für Helene, sondern für ihre jüngere Schwester, die kaum 15jährige Elisabeth, Sisi genannt. Sie war noch fast ein Kind und ganz verwirrt von dieser Situation. Trotz des resoluten Eingreifens der Mütter blieb Franz Joseph bei seiner Wahl, und am 19. August 1853 wurde seine Verlobung mit Elisabeth in Bad Ischl bekanntgegeben. Sie war eine Sensation, denn niemand kannte die Braut, kaum jemand das nicht regierende Herzogshaus „in Bayern“. Während der Verlobungszeit sahen sich die Brautleute sowohl am Starnberger See, im Schloß Possenhofen, als auch in Bad Ischl im Salzkammergut, wo die Eltern Franz Josephs regelmäßig die Sommermonate verbrachten. Sie hatten dort ein Haus in einem weitläufigen Park erworben, das als „Kaiservilla“ weithin bekannt wurde und heute zu den Touristenattraktionen Österreichs gehört.

Franz Joseph huldigte in diesen Jahren innenpolitisch einem Neoabsolutismus, der das riesige Reich zentralistisch mit der alleinigen Verwaltungssprache Deutsch und mit einem loyalen Beamtenapparat verwalten wollte. So also verstand der junge Kaiser den von ihm gewählten Wahlspruch „viribus unitis“ – mit vereinten Kräften. Vereint die Kräfte aller Völker, die unter seinem Zepter auf ihn zu blicken hatten. Das zentralistische System wurde als Unterdrückung der nationalpolitischen Kräfte empfunden. Es ist festzustellen, daß in mehreren Staaten eine ähnliche Reaktion auf die Errungenschaften der Revolution von 1848 erfolgte. In Frankreich hatte sich 1851 Louis Napoleon durch einen Staatsstreich zum Präsidenten wählen

***Das Brautpaar** vor einer Parklandschaft. Franz Joseph in Campagneuniform eines Feldmarschalls, Elisabeth mit Hermelinpelz. Miniatur auf Porzellan, Wiener Manufaktur, 1854, in der Wiener Hofburg.*

Elisabeth im Damensitz zu Pferde vor Schloß Possenhofen. *Stich von A. Fleischmann nach einem Gemälde von Carl Piloty und Franz Adam, welches Franz Joseph seiner Braut zu Weihnachten 1853 schenkte.*

Seite 11:

Franz Joseph als Jäger *mit dem Stutzen in beiden Händen, vor einer Berglandschaft. Lithographie nach Originalphoto.*

Elisabeth, *ein Bildnis der Braut, vor die liebliche Landschaft des Starnberger Sees gestellt. Tonlithographie von Eduard Kaiser, 1853/54.*

Ausfahrt des Brautpaares am Verlobungstag *(21. August 1853) in der Umgebung von Bad Ischl. Der Generaladjutant des Kaisers, Oberststallmeister Graf Grünne, kutschiert sechs Schecken im sogenannten Wildgang. Gemälde, um 1855, in der Wagenburg in Schönbrunn.*

und im Jahr darauf durch eine Volksabstimmung zum Kaiser der Franzosen erheben lassen. In Sardinien-Piemont trat zur gleichen Zeit mit Camillo Cavour, in Preußen mit Graf Otto Bismarck, ein starker Mann an die Spitze der Regierung.

Mit dem autoritär regierenden Zar Nikolaus I. von Rußland verbindet den jungen Franz Joseph eine feste Freundschaft Den Ungarn – der zweitgrößten Nation der Monarchie – ist sie ein Dorn im Auge, denn sie erinnern sich an das Eingreifen Rußlands im Revolutionsjahr 1848.

Eine Reise Franz Josephs durch die Länder der ungarischen Krone soll die schwelende Unzufriedenheit seit der Niederschlagung der Revolution beseitigen. Doch es gärt weiter. Am 18. Februar 1853 wurde der Kaiser in Wien bei einem Attentat durch den Ungarn János Libényi leicht verletzt. An den glücklichen Ausgang erinnert die Votivkirche in Wien. Überdies schlitterte Österreich außenpolitisch 1853 in eine unglückliche Lage durch seine vergebliche Vermittlung zwischen Rußland und der Türkei im Streit um die Donaufürstentümer, 1854 durch seinen Eintritt in den Krimkrieg auf seiten der Türkei, Englands und Frankreichs gegen Rußland. Rußland und Österreich stehen sich von nun an am Balkan als Gegner gegenüber. Dort grenzen ihre Interessensphären aneinander. Noch ist fast die ganze Balkanhalbinsel unter türkischer Herrschaft. Nur Griechenland war 1830 unabhängig geworden und wurde von König Otto I. – aus dem Hause Wittelsbach –, einem Vetter sowohl Franz Josephs als auch Elisabeths, bis 1862 regiert. Die Serben hatten schon seit dem 18. Jahrhundert mit Unterstützung Rußlands und Österreichs eine gewisse Autonomie innerhalb des Osmanischen Reiches erreicht, wobei die beiden Großmächte meist verschiedene serbische Führer unterstützten. Seit den fünfziger Jahren erstarkt eine Bewegung, die nicht nur die Serben und die Kroaten von der türkischen Herrschaft befreien, sondern diese auch mit jenen, die in Österreich-Ungarn leben, in einen gemeinsamen Staat zusammenführen will.

Links: ***Das Brautpaar bei einem Spazierritt*** *in Bad Ischl, im Hintergrund die Kaiservilla. Tonlithographie nach einer Zeichnung von Alois Bach, 1854.*

Abschied Elisabeths von ihrem Münchner Elternhaus *am 20. April 1854. Die Braut fährt in einem offenen Wagen durch das erst 1852 vollendete Siegestor nach Regensburg ab. Lithographie von Alexander Ziegler nach Johann Schmuckl, Wien, 1854.*

HOCHZEIT

Die Hochzeit des Kaiserpaares wurde für April 1854 festgelegt. Verschiedene Porträts der sympathischen Brautleute wurden angefertigt und in München und Wien publiziert und vervielfältigt. Elisabeth wurde in beiden Städten, ja in ganz Deutschland und Österreich, rasch populär. Die zahlreichen Darstellungen ihres Abschieds von München, ihrer Reisestationen während der Fahrt auf der Donau, ihrer Ankunft in Nußdorf bei Wien und schließlich ihres feierlichen Einzugs in die Stadt belegen das. Merkwürdigerweise gibt es keine repräsentative Darstellung der Trauung in der Augustinerkirche. Wenige flüchtig gezeichnete Zeitungs-Illustrationen vermitteln keine Vorstellung von diesem großen Fest. Auf keiner Darstellung ist das Brautkleid gut zu erkennen. Von ihm existiert heute nur mehr die Courschleppe.

Für Elisabeth änderte sich das Leben nun von einem Tag auf den anderen vollständig. Aus der kleinen, aber unter König Ludwig zu höchstem Glanz und kultureller Bedeutung geführten Residenzstadt München kam Elisabeth in die große, noch von Stadtmauern eingeengte alte Kaiserstadt und sollte nun in der winkeligen, wenig repräsentativen, ebenso unmodern wie ungemütlich eingerichteten Hofburg leben. Nicht nur äußerlich, auch innerlich wendete sich nicht alles für sie zum Besseren. Der äußere Glanz war sowohl mit den Mühen verbunden, die öffentliches Auftreten und Repräsentieren mit sich brachten, als auch mit einem Verzicht auf einen eigenen Lebensbereich, auf persönliche Zurückgezogenheit, die ihre empfindliche Seele so nötig hatte, auf ein ungestörtes Verhältnis zu ihrem Mann. Dieser war zuerst Herrscher, dann – Sohn! Bedauerlicherweise war Erz-

Seite 14: ***Feierlicher Einzug Elisabeths in Wien*** *am 23. April 1854. Die Braut und ihre Mutter, Herzogin Ludovika, passieren im heute in der Wagenburg in Schönbrunn aufbewahrten „Lombardischen Krönungswagen" Napoleons die neu errichtete „Elisabethbrücke" über den Wienfluß am Karlsplatz. Lithographie von F. Kollarz, 1854.*

Unten: ***Ankunft Elisabeths in Nußdorf bei Wien*** *am 22. April 1854. Die Braut trifft an Bord des Raddampfers „Franz Joseph" aus Linz kommend ein und wird von ihrem Bräutigam begrüßt. Lithographie von Vinzenz Katzler, 1854.*

Vermählung Franz Josephs und Elisabeths *in der Augustinerkirche am 24. April 1854. Der Fürsterzbischof von Wien Kardinal Rauscher überreicht dem Brautpaar die Ringe. Lithographie, mit der Bezeichnung „Österreichs schönster Tag", von Vinzenz Katzler, 1854.*

herzogin Sophie, die doch eine Tante Elisabeths war, das größte Hindernis für ein persönliches und familiäres Glück des jungen Paares, das wenig Gemeinsames besaß. Beide liebten Pferde und Wagen. Was für einen militärisch erzogenen jungen Mann wie Franz Joseph selbstverständlich war, mußte Elisabeth sich gegen alle gesellschaftlichen Vorurteile erkämpfen. Nicht nur Parforcejagden ritt sie an der Seite ihres Mannes, sondern sie bestand auch als einzige Frau schwierigste Hindernisrennen in England und Irland.

Das erste Kind kam im März 1855, im ersten Ehejahr, zur Welt, eine Tochter Sophie, die kaum zweijährig starb. Inzwischen hatte die Kaiserin 1856 einer zweiten Tochter, Gisela, das Leben geschenkt. Am persönlichen Glück des Kaiserpaares schienen keine Zweifel angebracht.

Auch der politische Horizont erlaubte Zuversicht. Der Krimkrieg war mit dem Pariser Frieden im März 1856 beendet worden. Für die italienischen Reichsteile erhoffte man sich Beruhigung und Verbesserungen. Das Kaiserpaar demonstrierte Zuversicht und „viribus unitis" durch eine längere Reise durch das Königreich Lombardo-Venetien im Winter 1856/57.

Doch alles täuschte. Mit der Verabschiedung Feldmarschall Radetzkys 1857 und seinem Tod im folgenden Jahr ging eine Ära zu Ende. Im Jahre 1859 brach der Krieg zwischen Österreich und Sardinien-Piemont aus, an dessen Seite Frankreich trat. Die bluti-

*Sogenanntes **Polterabendkleid** Elisabeths, vermutlich bei einem Abschiedsabend in München getragen. Organza, grüne Seide, die Stola mit dekorativen türkischen Motiven bestickt, aus dem Besitz ihrer Münchner Hofdame, heute Monturdepot, Wien.*

***Courschleppe** vom Brautkleid Elisabeths, Seidenrips mit feiner Goldstickerei. Aus dem Besitz ihrer Tochter Marie Valerie, heute Monturdepot, Wien.*

gen Niederlagen von Magenta und Solferino beendeten die lange Präsenz der Habsburger in Italien.

Für Österreich ging eine ebenso lange Epoche des stetigen und fruchtbaren Einflusses der italienischen Kultur und Kunst ihrem Ende zu. Im 17. und 18. Jahrhundert war Wien eine halb italienische Stadt gewesen! Baumeister, Maler, Kunsthandwerker aller Art, Musiker und Sänger, Dichter und Schauspieler, Offiziere und Bankiers, nicht zuletzt Zuckerbäcker und Köche aus Italien lebten in Wien, dienten dem Kaiser, gestalteten und bereicherten das Leben der Stadt.

Von der südlichen Welt verblieben bei Österreich nur mehr der Ostteil Venetiens, Istrien und die italienisch-kroatische Adria bis Ragusa und Cattaro. Italien ging seinen Weg zur staatlichen Einigung, es verlor allerdings Savoyen und die Riviera an Frankreich. Napoleon III. forderte es als Belohnung, Nizza, die Geburtsstadt Garibaldis, lag jetzt in Frankreich!

In Österreich war es höchste Zeit, politische Reformen in Angriff zu nehmen. Die Verfassung wurde kurz hintereinander zweimal geändert, schließlich mit dem Februarpatent 1861 festgelegt. Bei der Eröffnung des neuen Reichsrates opponierten trotz der Zugeständnisse an die Kronländer fast alle Nationalitäten: Ungarn, Kroaten, Italiener, Tschechen und Polen.

Im August 1858 war der ersehnte Sohn und Thronerbe zur Welt gekommen. Er wurde Rudolf getauft, nach dem königlichen Ahnherrn der Dynastie. Die Kaiserin war jedoch bereits am Ende ihrer seelischen und körperlichen Kräfte, konnte weder das Hofleben noch die Politik ertragen und fühlte sich ihrer Familie so sehr entfremdet, daß sie im Sommer 1860 Wien verließ, mehr als zwei Jahre auf Reisen ging und nur zu kurzen Besuchen in Wien weilte.

Wie wenig Solidarität erwies sie damit ihrem Mann, wie wenig Verantwortungsgefühl zeigte sie gegenüber der Öffentlichkeit, die in größter Betroffenheit die politischen und militärischen Niederlagen erleben mußte!

Als sie 1862 wieder für längere Zeit an den Hof zurückkehrte, schienen sich wieder neue politische Konstellationen für die Dynastie und das Reich zu ergeben. Des Kaisers Bruder, Erzherzog Maximilian, fuhr im April 1864 von Miramare auf der Fregatte Novara nach Mexiko, wo er die Krone Mexikos annahm. Er stellte sich damit in den Dienst der Politik Napoleons III. von Frankreich. Franz Joseph lädt zur gleichen Zeit zu einem deutschen Fürstentag nach Frankfurt, um den Deutschen Bund wieder zu beleben. Eine angestrebte neue Organisation der deutschen Königreiche und Länder kommt aber nicht zustande, weil Bis-

Elisabeth als Braut. *Nach einem von Friedrich Dürck in München gemalten Ölgemälde, welches als besonders lebensecht gepriesen wurde, schuf Leo Schöninger diese Galvanographie. München, 1854.*

Franz Joseph in Galauniform *eines Feldmarschalls mit dem Orden vom Goldenen Vlies, den Sternen der vier österreichischen Hausorden, dem Band des Militär-Maria-Theresien-Ordens und dem Kreuz des russischen Georgiordens IV. Klasse. Ölgemälde, 1854.*

marck König Wilhelm I. von Preußen davon abhält, am Fürstentag teilzunehmen. Der preußische Kanzler will Österreich aus dem Deutschen Bund hinausdrängen und Deutschland unter Preußens Führung einen. Schon 1866 findet er einen Anlaß, diesen Wunsch kriegerisch durchzusetzen. In der Schlacht bei Königgrätz wird Österreich von Preußen vernichtend geschlagen und der Deutsche Bund aufgelöst.

Im Herbst 1864 trifft der umworbene deutsche Modemaler Franz Xaver Winterhalter aus Paris in Wien ein und malt zwei repräsentative Bildnisse des Kaisers und der Kaiserin in ganzer Figur, von der Kaiserin zusätzlich noch zwei intime Bildnisse in Halbfigur, die Franz Joseph bis an sein Ende in seinem Zimmer hängen haben wird. Im übrigen findet der Kaiser Meister Winterhalter sehr selbstsicher und die Preise seiner Kunst recht hoch.

Der Michaelertrakt der Hofburg, *nach den Plänen, die Fischer von Erlach für Kaiser Karl VI. schuf, erst unter Kaiser Franz Joseph errichtet, 1895 fertiggestellt.*

Schloß Schönbrunn, *Fassade des Mitteltraktes gegen den Ehrenhof.*

Imperialwagen des Wiener Hofes *im Parkett von Schloß Schönbrunn. Die Prunkkarosse wurde für Kaiser Franz Stephan und Maria Theresia, vermutlich 1763, erbaut. Wagenburg in Schönbrunn.*

Seite 19: ***Drei Generationen des Kaiserhauses.*** *Erzherzogin Sophie hält ihre neugeborene Enkelin Gisela im Arm, deren Eltern Elisabeth und Franz Joseph sind mit ihrer Tochter Sophie dargestellt, Erzherzog Franz Karl steht im Hintergrund: Rahmen mit allegorischen Darstellungen. Kreidelithographie von Josef Bauer, 1856.*

Unten: ***Das Kaiserpaar bei einem Ausritt*** *im Lainzer Tiergarten bei Wien. Franz Joseph in Uniform als Oberst eines Ulanenregiments. Kolorierte Lithographie von Eduard Kaiser, 1854/55.*

Reise des Kaiserpaares *in das Königreich Lombardo-Venetien, Winter 1856/57. Ankunft an der Piazetta in Venedig.*

Franz Joseph und Elisabeth *verlassen den Markusdom.*

Seite 21: ***Franz Joseph*** *schreitet an der Spitze der Erzherzöge und der Generalität über die Treppe aus der großen Galerie in das Parkett von Schönbrunn, wo die Offiziere der Wiener Garnison zum Festbankett anläßlich des 100jährigen Jubiläums der Stiftung des Militär-Maria-Theresien-Ordens geladen sind. Gemälde von Fritz d' Allemand in Schloß Schönbrunn, 1857.*

Unten: Aus dem gleichen Anlaß gab der Kaiser den Rittern des Militär-Maria-Theresien-Ordens ein ***Bankett in der Großen Galerie.*** *Gemälde von Fritz d'Allemand im Schloß Schönbrunn, 1857.*

Seite 22: ***Elisabeth mit ihren Kindern Gisela und Rudolf*** *in Schloß Laxenburg. An der Wand ein Bildnis der 1857 verstorbenen Tochter Sophie. Aquarell von Josef Kriehuber, 1858, Albertina Wien.*

Die kaiserliche Familie *auf einer Terrasse. Von links: Franz Joseph, Ferdinand Max („von Mexiko") mit Gattin Charlotte, davor sitzend Elisabeth mit ihren Kindern Rudolf und Gisela, sowie die Eltern des Kaisers Sophie und Franz Karl, dahinter deren beiden jüngere Söhne Ludwig Viktor und Karl Ludwig. Photo von Ludwig Angerer, 1860.*

Seite 23: ***Elisabeth*** *im Herbst 1860, kurz bevor sie seelisch krank und unglücklich im November den Wiener Hof fluchtartig verließ und auf Reisen ging. Photo von Ludwig Angerer, 1860.*

***Franz Joseph** in Galauniform eines Feldmarschalls. Auf dem Tisch eine Marmorbüste Elisabeths. Gemälde von Franz Ruß in Schloß Schönbrunn, 1863.*

*Seite 25: **Elisabeth in einer Ballrobe** mit Diadem. Gemälde von Franz Ruß in Schloß Schönbrunn, 1863.*

*Seite 26: **Offener kaiserlicher Galawagen** vom Typ „Victoria", à la Daumont bespannt mit vier Schecken, reitenden Kutschern (Jockeys) sowie berittenen Lakaien, im Park von Laxenburg. Ölgemälde, um 1860, Wagenburg in Schönbrunn.*

***Elisabeth im Damensattel** zu Pferde, bei einer Parforcejagd eine Hürde übersetzend. Stahlstich von T. L. Alkinson nach einem unbekannten Gemälde, um 1880.*

***Damensattel** der Kaiserin Elisabeth, aus grünem Maroquin und weißem Sämischleder, erzeugt von Casimir Foltz, Wien, um 1855, Wagenburg in Schönbrunn.*

*Seite 27: **Elisabeth im Kutschierwagen,** begleitet von einem ihrer Hunde, im Park von Laxenburg. Aquarell in der Art Alexander von Bensas, um 1865.*

*Seite 28: **Franz Joseph in Galauniform** eines österreichischen Feldmarschalls mit dem Orden vom Goldenen Vlies, den Sternen der vier österreichischen Hausorden, dem Band des Militär-Maria-Theresien-Ordens und dem Kreuz des russischen Georgiordens IV. Klasse. Gemälde von Franz Xaver Winterhalter in der Wiener Hofburg, 1865.*

Seite 29: **Elisabeth in einem Ballkleid** des Pariser Couturier Worth mit diamantenbesetzten Sternen des Wiener Hofjuweliers Köchert im Haar. Gemälde von Franz Xaver Winterhalter in der Wiener Hofburg, 1865.

Elisabeth im Negligé, mit offenem Haar. Gemälde von Franz Xaver Winterhalter in der Wiener Hofburg, 1865.

UNGARISCHE KRÖNUNG – RINGSTRASSENZEIT

Im Frühjahr des Jahres 1867 wurden die Verhandlungen zwischen der kaiserlichen Regierung und den Vertretern der ungarischen Magnaten abgeschlossen und der vielbesprochene „Ausgleich" zwischen den beiden „Hälften" des habsburgischen Reiches getroffen. Aus dem österreichischen Kaiserstaat, der seit 1804 als Einheitsstaat existiert hatte, wurde die Doppelmonarchie Österreich-Ungarn. Das geteilte Reich hat ein gemeinsames Oberhaupt, den Kaiser und König, und gemeinsame sowie getrennte Ministerien, jeweils unter einem eigenen Ministerpräsidenten. Für beide Reichshälften gemeinsam war das Ministerium des Äußeren, das Kriegsministerium und das gemeinsame Finanzministerium. Die glorreiche Manifestation dieser Einigkeit war die Krönung von Franz Joseph und Elisabeth zum Apostolischen König und zur Königin von Ungarn.

Die Feierlichkeiten fanden Anfang Juni 1867 statt. Nicht die uralte traditionelle ungarische Krönungsstadt Preßburg (ungarisch Pozsony) wurde gewählt, sondern die aufstrebende Millionenstadt Budapest, aus den beiden Städten Ofen (Buda), rechts, und Pest, links der Donau, zusammengeschlossen. Ähnlich wie Wien hatte vor allem Pest durch eine großzügige Bautätigkeit sein Gesicht völlig geändert. Das berühmte Parlament, das heute dominierende Bauwerk an der Donau, konnte allerdings erst zum großen Projekt werden, nachdem Ungarn eine eigene Regierung zugestanden worden war. Die Krönung von König und Königin in der Matthiaskirche auf dem Burgberg war ein mittelalterliches Fest, vielleicht das letzte große Fest des alten Europa, und es wurde ein Triumph für Elisabeth. Nicht zu Un-

***Krönung Franz Josephs** zum Apostolischen König von Ungarn und Elisabeths zur Königin von Ungarn am 8. Juni 1867 in der Matthiaskirche zu Ofen (Budapest). Graf Gyula Andrássy bringt das erste „Eljen" (Vivat) aus. Stahlstich von Eugen Doby nach einer Vorlage von Eduard Engerth.*

recht schrieb man ihr einen wesentlichen Anteil am Zustandekommen des „Ausgleichs“ zu. Tatsächlich liebte sie Land und Leute und pflegte intensive Kontakte mit ungarischen Politikern, Dichtern und Gelehrten. Die Ungarn liebten Elisabeth abgöttisch, weit über ihren Tod hinaus. Franz Joseph und Elisabeth erhielten nach der Krönung das Jagdschloß Gödöllö östlich von Budapest als Geschenk. Elisabeth hatte schon früher dafür Interesse gezeigt und es kaufen wollen. Das Königspaar wiederum widmete das Krönungsgeschenk der Nation – 100.000 Gulden – den Witwen und Waisen jener Soldaten, die 1848/49 gegen Österreich gekämpft hatten. Die „königliche“ Familie verbrachte jedes Jahr einige Wochen in Gödöllö. Es lag in einem schönen weitläufigen Jagdrevier und idealem Reitgebiet.

Als Unterpfand eines wieder gefestigten ehelichen Glücks wurde im April 1868 Erzherzogin Marie Valerie geboren. In diesen Jahren entstanden sowohl in Budapest anläßlich der Krönung und später in Wien eindrucksvolle Photoserien der Kaiserin und Königin. Meisterhaft arrangierte Porträts zeigen die gerade dreißigjährige Frau zu voller Schönheit erblüht, die in unvergleichlicher Weise gepaart ist mit einem seelenvollen Ernst. Ein Vergleich mit einem Porträt ihres Sohnes Rudolf, als dieser etwa sechzehn Jahre zählte, zeigt die tiefe Verwandtschaft beider Seelen.

Die siebziger Jahre brachten die ersten großen Familienfeste. Im Frühjahr 1872 verlobte sich Erzherzogin Gisela mit ihrem um zehn Jahre älteren wittelsbachischen Vetter Leopold, einem Sohn des späteren bayerischen Prinzregenten Luitpold. Elisabeth war nicht glücklich über diese Verbindung, doch hatte sie nur wenig Einfluß auf ihre ältere Tochter. Sie wurde ihr frühzeitig von Erzherzogin Sophie entfremdet. Später hat Elisabeth die Entwicklung des Kindes in den entscheidenden Jahren anderen überlassen, weil sie vom Wiener Hof geflohen war.

Im Jahre 1879 feierte das Kaiserpaar silberne Hochzeit, wohl nicht im Vollgefühl des persönlichen Glücks und der öffentlichen Zufriedenheit, aber doch von einer echten Zuneigung des Volkes getragen. Die Haupt- und Residenzstadt Wien war zu einer glanzvollen Stadt der Architektur und Kunst geworden. Im Jahrzehnt seit 1869 waren das Wiener Opernhaus, das Musikvereinsgebäude und die Akademie der bildenden Künste eröffnet worden, die beiden Hofmuseen für die Naturwissenschaft sowie für Kunst und Archäologie waren als Teil eines großen Kaiserforums in Bau, ebenso das Burgtheater, das Rathaus und das Börsengebäude. Die Donauregulierung war abgeschlossen und das

***Elisabeth** als Königin von Ungarn im Krönungskleid. Gemälde von Georg Raab in der Wiener Hofburg, 1867.*

***Elisabeth** als Königin von Ungarn im Krönungskleid aus weiß-silbernem Brokat und schwarzer Samttaille in der Art eines ungarischen Nationalkostüms. Photo von Emil Rabending, 1867.*

neue Bett des Flusses 1875 für den Schiffsverkehr freigegeben worden.

Vor der Kulisse der Ringstraße veranstaltete die Stadt Wien 1879 unter der Regie des Lieblingsmalers der Zeit, Hans Makart, einen glanzvollen Festzug, dessen abwechslungsreiche und phantasievolle Darstellungen aus der Geschichte der Dynastie, des Landes und der Stadt, der Künste und Handwerker legendäre Berühmtheit erlangten.

1881 verlobte sich Kronprinz Rudolf mit Stephanie, der Tochter König Leopolds II. der Belgier, aus dem Hause Sachsen-Coburg-Gotha. Diese Familie war zu einer der mächtigsten des Jahrhunderts geworden. Die knapp 16jährige Braut stammte aus einer gleichfalls unglücklichen Ehe, war aber besten Willens, eine gute Ehe zu führen, was vom Kronprinzen nicht behauptet werden kann. Er war längst unter den Einfluß einer Clique liberaler hochadeliger Offiziere geraten und führte ein haltloses Leben. Nur sein Interesse an den Naturwissenschaften – vor allem der Vogelkunde (Ornithologie) – und seine großen Jagd- und Forschungsreisen, z. B. zusammen mit dem berühmten „Tiervater" Alfred Brehm, konnten ihn vorübergehend aus seiner Umgebung herausreißen. Die Ehe wurde für Stephanie eine große Enttäuschung, sie war auch nicht stark und charaktervoll genug, um einen entscheidenden Einfluß auf Rudolf auszuüben. Eine „Idylle", wie sie verschiedene Gemälde aus dem Jahre 1886 und 1887 zeigen (Abb. S. 36/37), hat nie existiert. Tatsächlich führten diese vier Menschen – Elisabeth und Franz Joseph, Stephanie und Rudolf – fast getrennte Leben. Das einzige Kind des Kronprinzenpaares war eine kleine Elisabeth, die ein bewegtes und langes Leben vor sich hatte. Sie vererbte eine große Zahl von historisch wichtigen Porträts, die jahrzehntelang unbekannt blieben, den österreichischen Sammlungen: Das eindrucksvolle Jugendbildnis ihres Vaters und die beiden Porträts ihrer Eltern – Gemälde von Heinrich Angeli – sind hier abgebildet.

Am 30. Januar 1889 beging der Kronprinz im Jagdschloß Mayerling im Wienerwald Selbstmord und nahm die 18jährige Baronesse Mary Vetsera mit in den Tod. So entsetzlich der Selbstmord Rudolfs für seine Eltern

Die königliche Familie –
Franz Joseph in der Campagne-uniform eines Feldmarschalls in ungarischer Adjustierung, Elisabeth und die Kinder Gisela, Rudolf und Marie Valerie – im Park von Schloß Gödöllö in der Nähe Budapests. Farbige Lithographie von Vinzenz Katzler, 1871.

Elisabeth, *um 1868/69. Photo aus einer sehr bekannten Serie von Emil Rabending.*

Kronprinz Rudolf *im Alter von 16 Jahren. Gemälde von Georg Raab, 1875, aus dem Besitz seiner Tochter Erzherzogin Elisabeth.*

gewesen war – er wurde nach kurzem, quälendem Zögern öffentlich eingestanden –, so unerträglich war für sie und die Dynastie sein Mord an dem Mädchen. Er wurde vom Kaiserhaus bis zum Ende der Monarchie nicht eingestanden. Die Tragödie von Mayerling blieb wohl deshalb bis heute geheimnisumwoben und hat zu vielen Vermutungen über ihre Ursache und zu vielen „Lösungen" ihres Geheimnisses Anlaß gegeben.

Neben der Haltlosigkeit und Verzweiflung des Kronprinzen über seinen physischen und psychischen Zustand waren zweifellos auch politische Gründe für die Flucht des Kronprinzen in den Tod ausschlaggebend, aber die Unzufriedenheit Rudolfs mit der Regierung Franz Josephs, mit der politischen Bindung Österreich-Ungarns an das ihm verhaßte Deutsche Kaiserreich unter Preußens Führung, seine Verbindungen mit liberalen ungarischen Adeligen, Politikern und Journalisten waren jedoch weit davon entfernt, Hochverrat oder ähnliches zu sein. Aber Rudolf war in höchstem Grad überspannt und überreizt. Er war kein nüchtern-pflichtbewußter Habsburg-Lothringer, sondern eher ein krankhaft-phantastischer Wittelsbacher wie der geisteskranke „Märchenkönig" Ludwig II. von Bayern und der in geistiger Umnachtung lebende Otto II. – beides seine Vettern – mit einem Zug zu Zynismus, Menschenverachtung und Treulosigkeit, die Kaiser Franz Joseph völlig fremd blieben.

Die politische Stellung der Donaumonarchie in Europa war durch eine immer enger werdende Bindung an Deutschland gekennzeichnet. Im Krieg, den Deutschland 1870/71 gegen Frankreich führte und der zum Sturz Napoleons III. und zur Eroberung des Kirchenstaates durch Italien führte, blieb Österreich-Ungarn neutral, obwohl Franz Joseph mit der Entwicklung nicht einverstanden war. Auch bei der Lösung der Balkanprobleme nach dem Russisch-Türkischen Krieg 1877/78 auf dem Berliner Kongreß blieb Österreich Partner Preußens. Es gelang schließlich in den Jahren eine Annäherung an Italien einerseits und Rußland und Serbien andererseits, das Verhältnis zu den Westmächten blieb kühl. Vor allem Frankreich machte sich zum Wortführer gegen die katholische Monarchie der Habsburger, deren slawische Völker es befreien wollte.

Der Kaiser und die Kaiserin sind, vom gemeinsamen Leid getroffen, einander für einige Zeit näher gekommen.

Immer wieder halten sie sich gemeinsam in Budapest oder auch in Bad Ischl auf, aber weite Reisen unternimmt Elisabeth allein, ruhelos durchquert sie Europa. Weder das herrliche Achilleion auf der Insel Korfu noch die geliebte Landschaft am Starnberger See oder am Genfer See fesseln sie längere Zeit. Die Angst vor dem Verlust ihrer Schönheit und die zwanghafte Sucht, ihre makellose Figur und ihre Haarpracht zu erhalten, tragen nicht zur Verbesserung ihrer angegriffenen Gesundheit bei. So war sie auch im letzten Lebensjahr ständig auf Reisen. Nach einem Kuraufenthalt in Bad Kissingen im Mai 1898, wo sie von Franz Joseph besucht wird, trifft sie den Kaiser in Ischl zum letzten Mal. Sie reist dann in ihre Kindesheimat und fast einen Monat quer durch Deutschland, Ende August ist sie wieder am Genfer See. Am 10. September fährt sie von Caux nach Genf, um eine Baronin Rothschild zu besuchen, und wird, als sie sich eben anschickt, den Dampfer zur Rückfahrt zu besteigen, von einem italienischen Anarchisten ermordet. Eine unbegreifliche Sinnlosigkeit, eine Tat ihrer selbst wegen ausgeführt, von einem Verblendeten, der ein Staatsoberhaupt ermorden wollte, aber keinem begegnete.

Seite 36: ***Die kaiserliche Familie*** *mit der eben 16jährigen Tochter Gisela und ihrem Verlobten Herzog Leopold von Bayern sowie einem der großen Hunde Elisabeths, in einer idyllischen Parklandschaft. Lithographie, 1872.*

Patriotische Darstellung zum ***Fest der silbernen Hochzeit.*** *Das Kaiserpaar verläßt eine Kirche, im Hintergrund Kronprinz Rudolf. Allegorische Rahmung mit den Wappen des Kaisertums Österreich, des Königreiches Ungarn und des Hauses Habsburg-Lothringen. Tonlithographie, 1879.*

Franz Joseph *zu Pferde,* ***Elisabeth*** *im offenen Wagen vom Typ „Mylord", bespannt mit einem Paar Cleveland-Bay, Kutscher und Lakai in englischer Livree, sowie das Kronprinzenpaar im Park von Schloß Laxenburg. Gemälde (Grisaille) von Karl Schweninger d. Ä., 1887, im Historischen Museum der Stadt Wien.*

Seite 37: ***Die kaiserliche Familie*** *mit Kronprinz Rudolf als Verlobtem der Prinzessin Stephanie von Belgien und deren Eltern, dem König Leopold II. der Belgier (aus dem Hause Coburg) und Königin Maria Henriette, einer Tochter des Erzherzogs Josef von Ungarn. Lithographie, 1881.*

Elisabeth *mit ihrem Hund Shadow, einem irischen Airedaleterrier, um 1868.*

1854
1879

Elisabeth in großem Abendkleid *mit dem 1854 für sie umgearbeiteten Rubinschmuck, einer Garnitur, bestehend aus Diadem, Gürtel, Collier, Corsage und Ohrgehänge, die aus dem Nachlaß der Königin Marie Antoinette stammte und von Maria Theresia zum Privatschmuck des Kaiserhauses gegeben wurde. Gemälde von Georg Raab, um 1878/79, im Bundesmobiliendepot.*

Seite 39: *__Die Hermesvilla__ im Lainzer Tiergarten bei Wien. In den Jahren 1882 bis 1884 nach Plänen Carl von Hasenauers errichtete repräsentative Villa in idyllischer Lage, ursprünglich als Jagdhaus geplant, dann Villa „Waldruh" und schließlich nach einer Hermesstatue von Ernst Herter benannt.*

Oben: __Entwurf für__ die gesamte Anlage. Aquarell von Carl von Hasenauer, 1881.

Unten: Das __Turnzimmer__ der Kaiserin in der Hermesvilla mit prachtvoller Wandmalerei. An den Wänden Darstellungen verschiedener Sportarten, über den Türen ein Wettrennen und eine Hirschjagd, gemalt von August Eisenmenger, die Fruchtstillleben auf dem Sockel von Hugo Charlemont.

Villa Waldruh.

Rechts: ***Franz Joseph*** *als Souverän des Ordens vom Goldenen Vlies im historischen Ritterornat, etwa zur Zeit, als die Bautätigkeit an der Ringstraße in vollem Ausmaß eingesetzt hatte. Gemälde von Sigismund Pollak, 1868, Kunsthistorisches Museum.*

Seite 40 oben: ***Weihnachtsfest*** *in der Wiener Hofburg. Das Kaiser- und das Kronprinzenpaar mit Marie Valerie und der etwa vierjährigen Elisabeth („Erzsi"), einziges Kind des Kronprinzenpaares. Gouache (Grisaille) von Wilhelm Gause, um 1886/87, Historisches Museum der Stadt Wien.*

Unten: Das ***Kronprinzenpaar*** *im „Türkischen Zimmer" der Wiener Hofburg, einem Raum im Kronprinzenappartement der Alten Burg, der mit Gegenständen eingerichtet war, die Rudolf 1881 von seiner Orientreise mitgebracht hatte.*

Seite 42: ***Kronprinz Rudolf*** *in der Uniform eines Marineoffiziers mit dem Orden vom Goldenen Vlies. Gemälde von Heinrich Angeli, 1885, aus dem Besitz seiner Tochter, Erzherzogin Elisabeth. Bundesmobiliendepot.*

Kronprinzessin Stephanie. *Gemälde von Heinrich Angeli, 1885, aus dem Besitz ihrer Tochter, Erzherzogin Elisabeth.*

Erste ***Aufbahrung des Kronprinzen*** *in der Wiener Hofburg. Die durch die tödliche Verletzung zerschmetterte Schädeldecke ist durch einen Verband verborgen worden. Photographie des Arztes Dr. Székely.*

Seite 43: ***Marie Louise von Wallersee,*** *eine Nichte der Kaiserin, mit der kleinen Erzherzogin Marie Valerie. Marie Wallersee, verheiratete Gräfin Larisch, deckte die geheimen Zusammenkünfte des Kronprinzen mit der Baronesse Vetsera.*

Baronesse Mary Vetsera. *Die 18jährige Begleiterin des Kronprinzen Rudolf in den Tod im Jagdschloß Mayerling bei Wien am 30. Januar 1889. Photographie.*

Leichenbegängnis *des Kronprinzen Rudolf. Der schwarze Leichenwagen des Wiener Hofes, mit acht Kladruber Schimmeln bespannt, hält vor der Kapuzinerkirche, unter der sich die Gruft des Hauses Habsburg befindet. Photographie.*

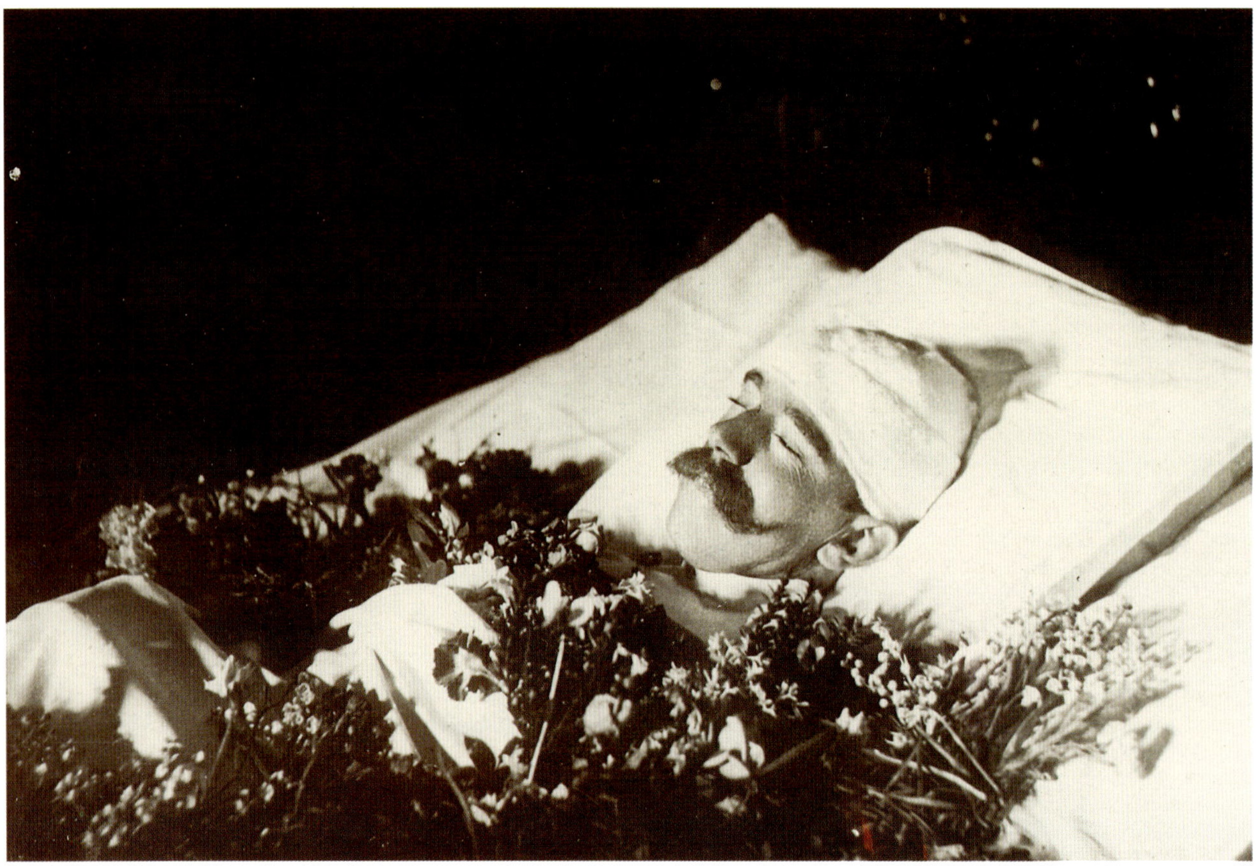

Das *„**Königspaar**“ im offenen Landaulet, mit zwei Lipizzanern bespannt, vor dem Westbahnhof in Budapest. Photographie, um 1895.*

*Das **Kaiserpaar** bei einem Kuraufenthalt in Bad Kissingen im April/Mai 1898. Photographie.*

*Seite 44: **Familiendiner** in der Wiener Hofburg. Elisabeth zwischen ihren Schwiegersöhnen Leopold von Bayern und Franz Salvator, Franz Joseph zwischen seinen Töchtern Gisela und Marie Valerie, die beiden Enkel Georg und Konrad von Bayern. Zeichnung von Theo Zasche, ca. 1890.*

*Unten: **Hofball** im Zeremoniensaal der Wiener Hofburg, 1886. Die Kaiserin und die Schwester der Kronprinzessin beim Cercle links, gegen die Mitte der Kronprinz (die Kronprinzessin fehlt), rechts der Kaiser.*

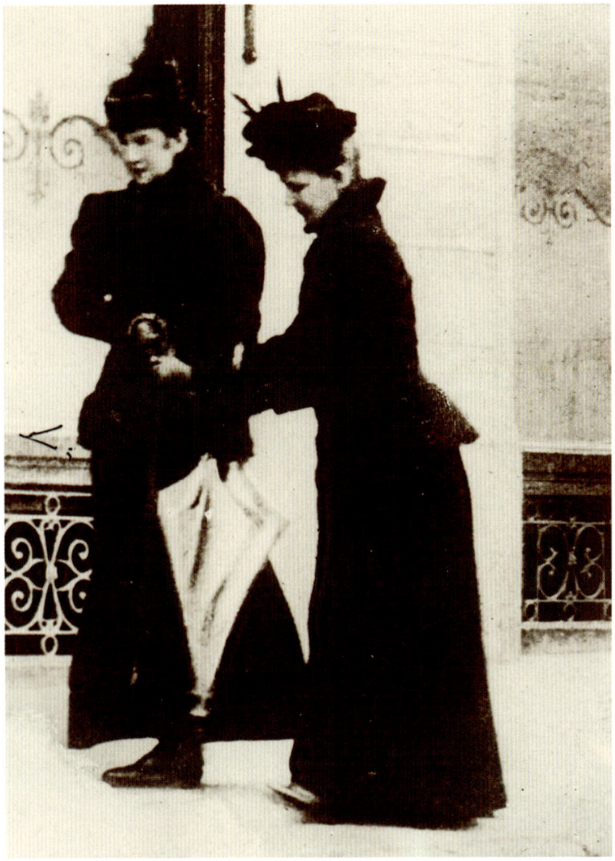

__Elisabeth mit ihrer Hofdame__ Gräfin Irma Sztáray auf der Straße in Territet bei Montreaux am Genfer See. Photographie, 3. September 1898.

__Luigi Lucheni,__ von einer italienischen Mutter aus dem ligurischen Apennin in Paris 1873 geboren und verlassen, schlug sich als Gelegenheitsarbeiter durchs Leben, war zuletzt Diener bei einem italienischen Herzog. 1898 kam er in der Schweiz mit Anarchisten in Kontakt. Seine Tat war aber die eines Einzelgängers, sein Opfer zufällig, denn die Anarchisten hatten es auf König Umberto abgesehen. Lucheni ist trotzdem maßlos stolz auf seine Tat und wird zu lebenslanger Haft verurteilt. In seiner Gefängniszelle begeht er 1910 Selbstmord. Photo aus dem Erhebungsbogen einer österreichischen Behörde.

__Das Attentat von Genf.__ Der italienische Anarchist Luigi Lucheni stürzt, mit einer Feile bewaffnet, der Kaiserin und ihrer Hofdame in den Weg, als sie sich anschickten, den Dampfer zur Rückfahrt nach Caux zu besteigen. Xylographie in einer Zeitung, September 1898.

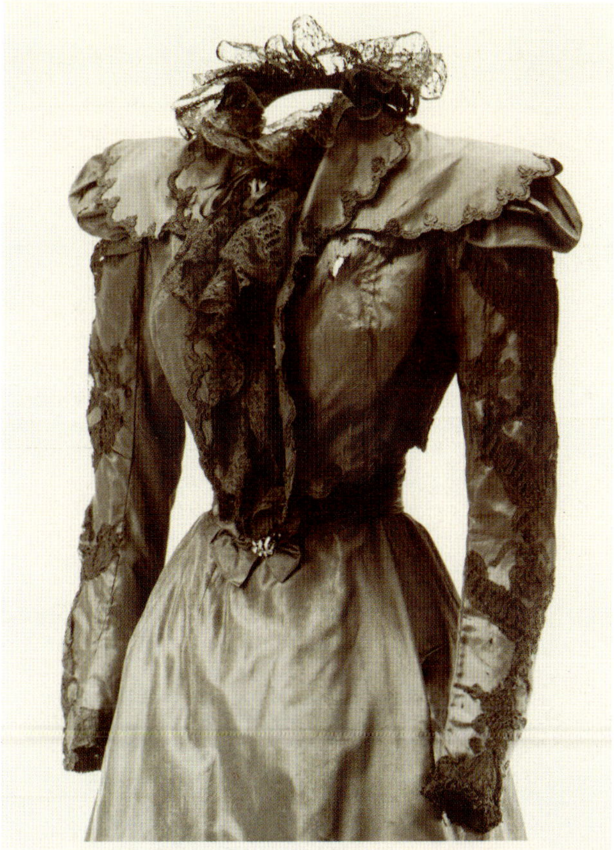

RESTAURAN

Seite 47: **Taille des Damenkleides** aus schwarzer Taftseide und schwarzen Spitzen, welches Elisabeth trug, als sie ermordet wurde. Aus dem Besitz ihrer Hofdame, Gräfin Sztáray, gelangte es in das „Königin-Elisabeth-Museum“ in Budapest, nach dessen Zerstörung in das Ungarische Nationalmuseum.

Rechts: **Ein Bildnis der Kaiserin,** das sie so festhält, wie sie in der Erinnerung ihrer Zeitgenossen weiterlebte, auch als sie schon älter geworden war und sich ihre Züge verändert haben mußten. Auch ihre Tochter Marie Valerie liebte dieses Porträt am meisten. Gemälde von Armin Horowitz, um 1895.

Unten: **Trauerzug** mit dem Sarg Elisabeths in Wien am 17. September 1898. Der schwarze Leichenwagen, bespannt mit Kladruber Rappen, begleitet von den kaiserlich-österreichischen und königlich-ungarischen Garden, bewegt sich durch die Stadt. Vorne ein Edelknabe mit Laterne.

Elisabeth mit einem Bernhardiner. Der Maler hebt hier das Exzentrische der Persönlichkeit hervor, was möglicherweise auf Kosten der Porträtähnlichkeit geht, doch gibt es aus den letzten Jahren weder Photos noch authentische Porträts zum Vergleich. Dieses auch nicht nach der Natur gemalte Bildnis von Anton Romako ist 1883, möglicherweise in Genf, entstanden und befindet sich heute in der Österreichischen Galerie im Belvedere.

DIE LETZTEN JAHRE

Für Franz Joseph war es zweifellos eine Belastung, ein so hohes Alter zu erreichen, so viele Mitglieder seiner engeren und weiteren Familie durch den Tod zu verlieren und gleichsam übrigzubleiben. Nach dem Tod der Kaiserin Elisabeth nahm die Erzherzogin Maria Theresa, eine geborene Infantin von Portugal, die Stelle der ersten Dame des Hofes ein, später spielte oft – vor allem in Bad Ischl – die jüngste Tochter des Kaisers, Erzherzogin Marie Valerie, die Rolle der „Hausfrau". Auch in den Reihen der gleichaltrigen Herrscher und Staatsoberhäupter hielt der Tod seine Ernte, und eine neue Generation trat auf die Weltbühne, die weitgehend nationalistisch eingestellt war. 1890 entließ Wilhelm II. seinen Kanzler Fürst Bismarck und brach mit alten

*Eröffnung des **Kunsthistorischen Museums** im Oktober 1891. Der Architekt Carl von Hasenauer stellt in der als Ruhmeshalle der Kunstsammler und Mäzene des Hauses Habsburg gestalteten Kuppelhalle dem Kaiser die an dem Prachtbau beteiligten Künstler, Ingenieure und Handwerker vor. Aquarell von Robert Raschka, 1893, Kunsthistorisches Museum.*

*Unten: **Panorama** der erweiterten Stadt Wien mit der seit den sechziger Jahren entstandenen Ringstraße und den öffentlichen Bauten. Sepia mit Feder von Gustav Veith, ca. 1873, Historisches Museum der Stadt Wien.*

Traditionen. 1894 starb Zar Alexander III., sein Nachfolger Nikolaus II. sollte der letzte Zar sein. Franz Joseph besuchte ihn im Jahre 1897 in St. Petersburg. Im Jahre 1900 wurde König Umberto von Italien ermordet, und Viktor Emanuel III. bestieg den Thron.

Im folgenden Januar 1901 starb Königin Victoria von Großbritannien nach 64jähriger Regierungszeit. Ihr Nachfolger wurde Eduard VII. Im Juni 1903 wurde König Alexander I. von Serbien, der Sohn des mit Franz Joseph verbündeten Königs Milan aus dem Hause Obrenović, zusammen mit seiner Frau von rußlandfreund lichen Offizieren ermordet. Nachfolger wurde Peter I. aus dem Hause Karadjordjević.

Im August 1903 legt Franz Joseph als vornehmster Herrscher der Christenheit zum letzten Mal in der Geschichte der Kirche sein Veto bei der Papstwahl gegen den Kardinal Rampolla ein. Giuseppe Sarto besteigt daraufhin als Pius X. den Thron Petri.

Seine Position als Herrscher von Gottes Gnaden war und blieb Franz Joseph wohl selbstverständlich, aber von seinem Vielvölkerreich sagte er gelegentlich, er wisse wohl, daß es im „heutigen Europa eine Anomalie“ sei. Wegen seines persönlichen Leids und seiner Einsamkeit fühlte das Volk mit ihm, und es verehrte ihn wegen seiner unerschütterlichen Haltung, mit der er sich dem Schicksal stellte. Uneingeschränkte Bewunderung und Ergebenheit brachte ihm die Armee entgegen. Franz Joseph war eine elegante Erscheinung, trug in der Öffentlichkeit immer Uniform, war ein hervorragender Reiter und nahm pflichtbewußt jede Anstrengung auf sich, die militärische Ereignisse, wie Manöver oder Paraden, mit sich brachten. Bis ins hohe Alter wußte er auch über viele Einzelheiten in der Armee Bescheid, behielt eine große Zahl von Namen im Gedächtnis und vergaß keine hervorragende Leistung.

Im Jahre 1908 feierte man das 60jährige Regierungsjubiläum des Kaisers. Viele Stiftungen wurden ins Leben gerufen, Schulen gegründet, Promenaden angelegt und mit Denkmälern geschmückt. Die Armee huldigte ihrem „obersten Kriegsherrn“ mit einem diamanten- und rubinbesetzten Erinnerungszeichen. Die-

Elisabeth. *Vom Münchner Maler Friedrich August von Kaulbach posthum gemalte, romantisch verklärte Darstellung der Kaiserin auf Korfu. Pastell auf Papier, nach 1898, aus dem Besitz ihrer Tochter Elisabeth, jetzt Bundesmobiliendepot.*

*Seite 51: **Vierteiliger, verglaster Paravent** aus dem Besitz Elisabeths. Er enthält auf beiden Seiten eine Sammlung von Photos mit Szenen aus ihrem Leben und Porträts. Ob die Kaiserin diese selber zusammengestellt hat oder jemand anderer ist nicht bestimmt.*

***Franz Joseph in Campagneuniform** eines Feldmarschalls zu Pferde im Manövergelände. Gemälde von Julius von Blaas, 1898.*

sem Sinnbild der Treue seiner Armee steht hier als Abbildung jener Marschallstab gegenüber, den Kaiser Wilhelm II. in seiner Würde eines Königs von Preußen Franz Joseph im Jahre 1895 schenkte. Der Kaiser von Österreich war königlich-preußischer Generalfeldmarschall!

Es ist kein Wunder, daß vor allem England, das viel weniger Ressentiments gegen Österreich-Ungarn hatte als Frankreich, diese Waffenbrüder-

Seite 52: ***Franz Joseph*** *begibt sich vom Wagen in das Museum für Kunst und Industrie am Stubenring (heute Museum für angewandte Kunst) zur Besichtigung einer Ausstellung. Photographie, 1904.*

Katharina Schratt *kam zwanzigjährig 1873 ans Hofburgtheater und wurde zehn Jahre später Burgschauspielerin. Sie war seit dem Ende der achtziger Jahre Vorleserin bei der Kaiserin und dem Kaiser eine gütige,freimütige, auch eigensinnige Freundin, Gesprächs- und Briefpartnerin. Das Photo zeigt die Schratt, begleitet vom Kaiser, auf dem Weg zu ihrer Villa in Bad Ischl. Franz Joseph trägt die Bluse eines Kavallerieobersten.*

Seite 53: ***Franz Joseph im Ornat*** *des Ordens vom Goldenen Vlies, seitlich die heilige Stephanskrone Ungarns und die österreichische Kaiserkrone, darüber Wappen einiger Kronländer. Gemälde von Wilhelm List im Sitzungssaal des von Otto Wagner 1904 bis 1906 erbauten Postsparkassengebäudes in Wien.*

FRANZ'JOSEPH'I

__Das Denkmal für Kaiserin Elisabeth__ wurde, nach einem Wettbewerb, von Hans Bitterlich in der nordwestlichen Ecke des Wiener Volksgartens geschaffen und 1907 enthüllt. Der Kaiser hält Cercle, hinter ihm die Witwe seines Bruders Karl Ludwig, die nach Elisabeths Tod die erste Dame des Hofes war. Aus einer Photoreportage.

Seite 57: __Hoftafel in der Kaiservilla__ in Bad Ischl anläßlich des Besuches König Eduards VII. von Großbritannien am 15. August 1907. Heliogravüre von Theo Zasche.

__Franz Joseph__ spricht in seinem Arbeitszimmer in der Kaiservilla in Bad Ischl mit Baron Schiessl von Perstorff, seinem Kabinettsdirektor, um 1908.

Seiten 54/55: __Der Kaiser__ hält Cercle am Hofball. Umgeben von hohen Offizieren – teils in ungarisch adjustierten Galauniformen – und von Adeligen in ungarischer Magnatenkleidung spricht Franz Joseph mit Debütantinnen. Der Hofball in den Festräumen der Hofburg war der Höhepunkt der Wiener Ballsaison. Mehr als 2000 Personen aller Stände und Berufe wurden geladen. Aquarell von Wilhelm Gause, 1900, Historisches Museum der Stadt Wien.

Besuch **König Eduards VII.** von Großbritannien in Bad Ischl, begleitet von Franz Joseph verläßt er den Bahnhof und besteigt einen Hofwagen. Bei einem solchen Besuch bestieg Franz Joseph dem englischen Monarchen zuliebe am 12. August 1907 erstmals ein Automobil.

Seite 59: **60jähriges Regierungsjubiläum Franz Josephs.** Der deutsche Kaiser Wilhelm II. hält am 7. Mai 1908 vor den im Marie-Antoinette-Zimmer des Schlosses Schönbrunn versammelten deutschen Fürsten die Glückwunschansprache. Gemälde von Franz von Matsch, 1908–1910, Historisches Museum der Stadt Wien.

Franz Joseph in seinem Arbeitszimmer in Schloß Schönbrunn. Gemälde von Franz von Matsch, im November 1916, drei Tage vor dem Tod des Kaisers, fertiggestellt, Historisches Museum der Stadt Wien.

F. MATSCH

Der Thronfolger. *Nach dem Selbstmord des Kronprinzen Rudolf rückte ein Neffe des Kaisers, Erzherzog Franz Ferdinand von Österreich-Este, zum Thronfolger auf.*

Thronfolger Erzherzog Franz Ferdinand *und seine Gemahlin, Sophie Herzogin von Hohenberg, bei der Abfahrt vom Konatz in Sarajewo, wenige Minuten vor dem Attentat.*

Seite 61: **Preußischer Marschallstab,** *dem österreichischen Kaiser vom deutschen Kaiser Wilhelm II. 1895 zum Geschenk gemacht. Der blaue Samt ist mit preußischen Adlern und preußischen Königskronen geschmückt. Hofgoldschmiede Sy & Wagner, Berlin, 1895, Schatzkammer in der Hofburg.*

Huldigungs- und Erinnerungszeichen, *dem Kaiser aus Anlaß seines 60jährigen Regierungsjubiläums 1908 von seiner Armee überreicht. Inschrift „Exercitus universus" (Die gesamte Armee) und die Jahreszahl über der Kaiserkrone. Diamanten, Rubine auf Platin. Geschaffen von Rudolf Marschall, Wien, 1908, Schatzkammer in der Hofburg.*

Kaisermanöver. *Franz Joseph an der Spitze der Generalität. Hinter ihm sein Generaladjutant Graf Eduard Paar. Gemälde von Tadeusz Adjukiewicz, 1891, in der Hofburg.*

HOCHVEREHRTEN

1908
EXERCITUS
UNIVERSUS

Franz Joseph im Gebet. *Wahrscheinlich während einer Fronleichnamsprozession, um 1900 photographiert.*

Seite 63: ***Aufbahrung Franz Josephs*** *in der Hofburgkapelle am 28. und 29. November 1916. Um den Sarg herum liegen auf Pölstern Nachbildungen der Kronen der habsburgischen Reiche, die Collanen der Hausorden und der Generalshut des Kaisers.*

Der Trauerkondukt *mit dem achtspännigen schwarzen Leichenwagen passiert den Heldenplatz. Im Hintergrund die Hofburg. Im Vordergrund der Erste Stallmeister des Kaisers, Dragonerrittmeister Graf van der Straten.*

schaft beunruhigte. Bei seinem Besuch in Bad Ischl, im Sommer 1908, versuchte König Eduard VII. von England, der kurz vorher mit dem Zaren Nikolaus II zusammengetroffen war, Franz Joseph von seinem Bündnis mit Deutschland abzubringen. Doch vergeblich! Zur Feier des 60jährigen Regierungsjubiläums des Kaisers fand sich deshalb auch eine Delegation der deutschen Bundesfürsten in Wien ein. An ihrer Spitze stand Kaiser Wilhelm II. Sämtliche Fürsten erschienen in Uniform, nur der Bürgermeister der Hansestadt Hamburg trug ein altertümliches schwarzes Festkleid.

Nach dem Tod des Kronprinzen Rudolf und des jüngeren Bruders des Kaisers, Erzherzog Karl Ludwig, war dessen Sohn Erzherzog Franz Ferdinand der Thronfolger des Reiches. Sein ausgeprägter, zu Unduldsamkeit und Vorurteilen neigender Charakter war dem des Kaisers in vielem entgegengesetzt. Politisch war er ein Verfechter der Autonomie der Kroaten und kämpfte gegen den überstarken Einfluß der Ungarn im Reich. Innerhalb der Armee versuchte er Männer seines Vertrauens in wichtige Stellungen zu bringen, auch in der Politik versuchte er Gegenpositionen zum Kaiser zu beziehen und verfügte über einen treu ergebenen Mitarbeiterstab, der eine Art Nebenregierung sein wollte.

Österreich-Ungarn hatte im Herbst 1908 Bosnien-Herzegowina annektiert. Das einst dem Osmanischen Reich unterworfene Land war 1878 von Österreich okkupiert worden. Nach Protesten der Weltmächte kam es zu einem Abkommen Österreichs mit der Türkei, das auch von diesen gebilligt wurde. Das Land selbst nahm eine sehr positive Entwicklung, dem Anspruch Serbiens, die führende Macht auf der Balkanhalbinsel zu sein, war die Rolle Österreich-Ungarns am westlichen Balkan jedoch sehr zuwider. Anläßlich eines Besuches des Thronfolgers Franz Ferdinand in Sarajewo wurde auf ihn und seine Frau von serbischen Nationalisten am 28. Juli 1914 ein Attentat verübt, bei dem beide getötet wurden.

Das von Österreich-Ungarn einen Monat später formulierte Ultimatum an Serbien löste dann den Ersten Weltkrieg aus, welcher das alte Europa in Trümmer schlug. Der Kaiser zog sich nach Schönbrunn zurück und regierte gleichsam als Einsiedler. Als Thronfolger stand ihm der junge Erzherzog Karl zur Seite, der nach dem Tod Franz Josephs als letzter Habsburger die Throne Österreichs und Ungarns bestieg und vergeblich versuchte, dem Blutvergießen ein Ende zu setzen: Weder Deutschland noch Frankreich waren daran interessiert. Franz Joseph starb am 21. November 1916 in Schönbrunn. Sein Leichnam wurde in der Kapelle der Hofburg aufgebahrt und nach der Einsegnung am 30. November in der Kaisergruft bei den Kapuzinern bestattet. Sein Sarg steht dort zwischen jenen Elisabeths und Rudolfs.

STAMMTAFEL VON ELISABETH UND FRANZ JOSEPH

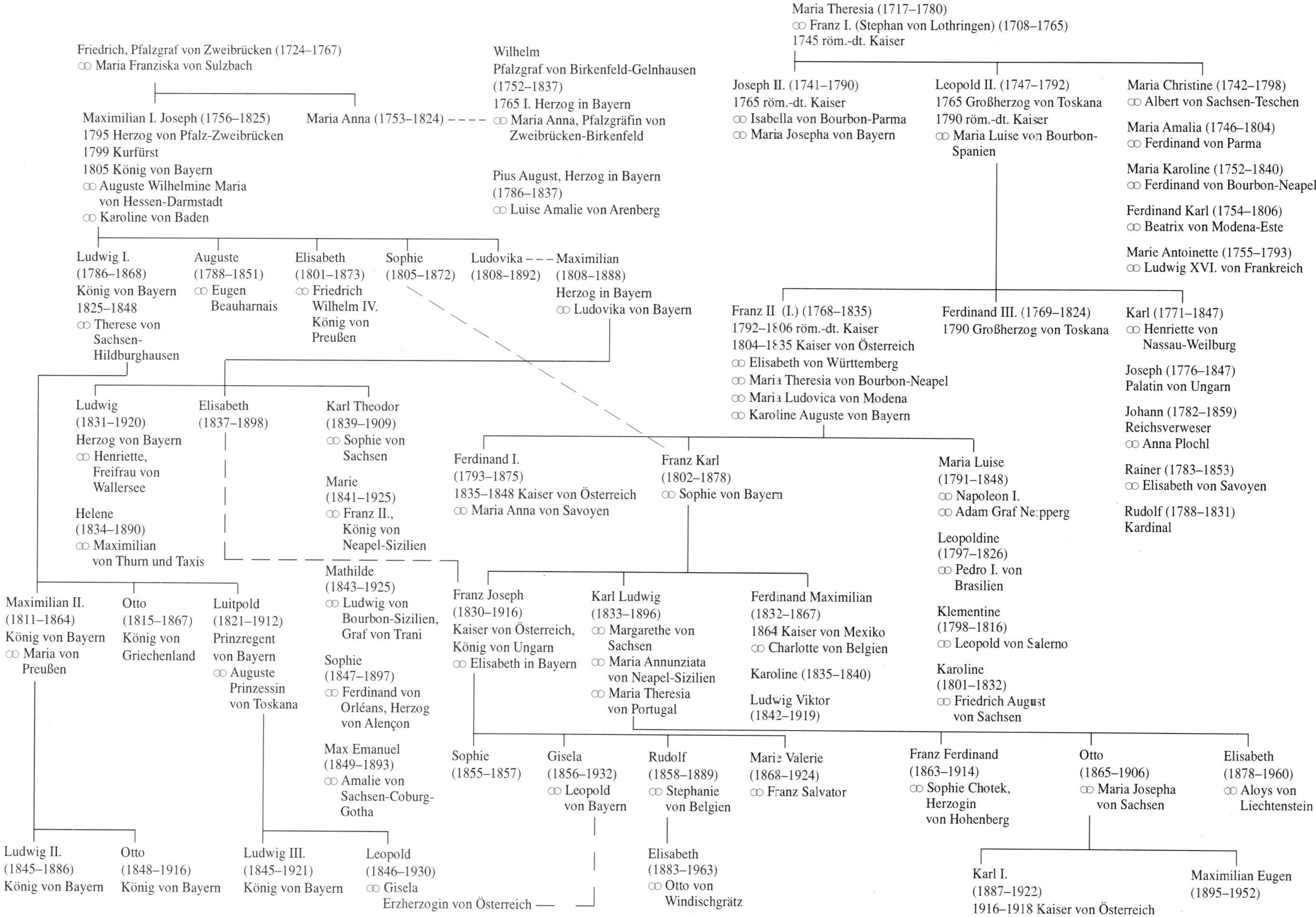